Besser reiten

Besser reiten

Das Buch der kleinen Hilfen

In Zusammenarbeit mit der British Horse Society,
geschrieben von Chefausbilder

Bill Froud

Fotografiert von Peter Roberts

Franckh'sche Verlagshandlung
Stuttgart

Umschlag von Edgar Dambacher unter Verwendung einer Aufnahme von Peter Roberts
Mit 73 Fotos im Text
Das Bild auf Seite 2 zeigt Oberstleutnant Bill Froud, OBE, FBHS, Chefausbilder der British Horse Society
Der Autor bedankt sich bei Cate Crilley, Tina Rose und Paul Fiedler. Sie haben mitgeholfen, daß diese ausgezeichneten und instruktiven Fotos aufgenommen werden konnten.
Berechtigte Übertragung aus dem Englischen von Hanna Höck. Titel der Originalausgabe „Better Riding“,
erschienen bei Kaye & Ward Ltd., 21 New Street, London EC2M 4UN, England, unter ISBN 0 7182 0159 0

2. Auflage / 9.—16. Tausend
Franckh'sche Verlagshandlung, W. Keller & Co. / Stuttgart 1974

Printed in Germany / Imprimé en Allemagne
LH 4 Ste / ISBN 3-440-04040-2
Gesamtherstellung: Konrad Triltsch, Graphischer Betrieb, 87 Würzburg

Besser reiten

1. Besser reiten

Reiten ist nicht mehr ein Sport für Reiche oder für Leute, die auf dem Lande leben. Reiten ist in vielen Ländern der Erde zum Sport für Städter geworden, und heute reiten mehr Menschen als je zuvor. Einerseits haben wir mehr Freizeit, und zum anderen gibt es überall bessere Möglichkeiten zum Reiten. Leider kommen manche Reiter niemals über die einfachsten reiterlichen Fähigkeiten hinaus. Und das ist schade — für die Reiter und deren Pferde.

Drei Gründe gibt es dafür:

Erstens machen sich solche Reiter nicht die Mühe, Charakter und Psyche des Pferdes zu studieren. Selbstverständlich ist jeder Anfänger nervös und unsicher, wenn er auf einem Pferd sitzt. Das Pferd wiederum reagiert darauf mit Mißtrauen und wird unberechenbar. Deshalb muß der Anfänger Vertrauen zum Pferd gewinnen. Er muß sich für diese entscheidende Phase seiner Reiterlaufbahn genügend Zeit nehmen.

Zweitens machen sich zu wenige Reiter die Mühe, einen ausbalancierten, einwirkenden Sitz zu entwickeln. Sie wollen zu schnell weiterkommen. Das kann sich jedoch gerade im Reitsport verhängnisvoll auswirken. Die meisten Sportarten verlangen das harmonische Zusammenspiel von Verstand und Muskeln, jede Bewegung wird zum Reflex, aber nirgends ist das wichtiger als beim Reiten.

Das Pferd hat einen natürlichen Schwerpunkt, der sich je nach Tempo verlagert. Die erste Aufgabe des Reiters ist es, sich so in den Sattel zu setzen, daß sein Schwerpunkt genau über dem des Pferdes liegt. Das Reitergewicht darf niemals ein „totes" Gewicht sein. Es muß die Bewegungen des Pferdes unterstützen und darf sie nicht hemmen. Wenn das Pferd sich bewegt, muß das Ge-

Reiten ist zum Volkssport geworden.

wicht des Reiters mit dieser Bewegung mitgehen. Ist ein Reiter steif und unbe weglich, so wird das Pferd mit Steifheit und Widerstand antworten. Der Sit muß unabhängig von den Zügeln sein, damit Kopf und Hals des Pferdes sich frei bewegen können. Er muß so kraftvoll sein, daß Pferd und Reiter im Gleichgewicht bleiben.

Ein Reiter ohne festen, unabhängigen Sitz kann seinem Pferd niemals sein Wünsche voll verständlich machen. Verwirrung und Bestrafung sind die Fol gen. Und wenn ein Reiter Gewalt anwendet, wird er immer der Verlierer sein auch wenn er scheinbar einmal gesiegt hat.

Grundlegende Sitzfehler sind manchmal auf Fehler in den ersten Reitstunden zurückzuführen, und wenn sich die Muskeln erst einmal falsch entwickel haben, muß man hart arbeiten, um das wieder auszumerzen.

Der Sitz des Reiters wird auf einem ausgebildeten Pferd entwickelt. Der Reite muß lernen, sein Pferd unter normalen Verhältnissen — in der Reitbahn und im Freien — unter Kontrolle zu haben; er muß lernen, einfache Hilfen ruhig wirkungsvoll und harmonisch anzuwenden, so daß sein Pferd bereitwillig darauf reagiert. Ich wiederhole: Der Sitz des Reiters muß auf einem gut aus-gebildeten Pferd entwickelt werden!

Ich komme zum dritten Grund: Viele Anfänger werden auf schlecht ausge-bildete Pferde gesetzt. Der Neuling muß auf einem ruhigen, braven Pferd reiten lernen, das gehorsam einfache Hilfen annimmt. Gleichzeitig muß er von einem erfahrenen Reitlehrer Unterricht bekommen. Das alles sagt uns der gesunde Menschenverstand. Aber immer wieder kann man es erleben, daß ehrgeizige Eltern ihrem Sprößling ein junges, nicht voll ausgebildetes Pferd kaufen und dann erstaunt sind, wenn Pferd und Reiter versagen.

Die Instinkte des Pferdes

Der erfahrene Reiter arbeitet mit den natürlichen Instinkten des Pferdes und nicht gegen sie. Der vorherrschende Instinkt des Pferdes ist es, sich durch die Flucht in Sicherheit zu bringen, sobald es etwas als bedrohlich empfindet. Es will zum Beispiel dem Gebrauch von Sporen oder Gerte zuvorkommen und

Dieser Reiter sitzt ausbalanciert im Sattel.

setzt sich deshalb in Bewegung. Bei seiner Ausbildung nutzen wir diesen Instinkt.

Das Pferd ist nicht sonderlich intelligent und mißtraut allen Dingen, die es nicht kennt. Diese Eigenschaft erfordert sowohl Geduld als auch Einfühlungsvermögen vom Reiter. Ein Beispiel: Scheut ein Pferd vor einem parkenden Auto, so wäre es falsch, das Pferd zu strafen. Es brächte dann Auto und Strafe miteinander in Zusammenhang und würde in Zukunft vor jedem Auto scheuen.

Als Herdentier liebt es das Pferd gar nicht, andere Pferde, seinen Stall oder einen anderen vertrauten Ort zu verlassen. Diese Eigenschaft kann für den Trainer gelegentlich von Vorteil sein, aber nach einiger Zeit muß das Pferd lernen, dem Reiter unter allen Umständen zu gehorchen. Der Anfänger muß zuerst an kleinen Dingen prüfen, ob sein Pferd ihm gehorcht, und darf nur allmählich den Schwierigkeitsgrad der Gehorsamsübungen steigern.

Dem guten Gedächtnis des Pferdes verdanken wir es, daß wir ihm überhaupt etwas beibringen können. Selten vergißt das Pferd, was es einmal gelernt hat, und unglücklicherweise lernt es Schlechtes ebenso schnell wie Gutes. Deshalb muß der Reiter sehr sorgfältig mit dem Pferd arbeiten. Niemals darf ihm ein Fehler unterlaufen, der nicht sofort korrigiert wird. Hat sich eine schlechte Angewohnheit erst einmal festgesetzt — und wie schnell kann das passieren—, so ist es außerordentlich schwierig, sie wieder auszumerzen. Durch gutes Training macht das Pferd Fortschritte und gewinnt an Qualität. Der entscheidende Test für den guten Reiter ist, ob er seinem Pferd etwas beibringen kann.

Das Pferd ist sehr empfänglich für Belohnungen. Hat es etwas gut gemacht, so bleibt ihm die Übung in angenehmer Erinnerung, wenn es mit sanfter Stimme gelobt oder auf den Hals geklopft wird. Leckerbissen fördern zwar das Vertrauen, aber man soll sie nicht zu oft geben, weil das Pferd sonst schwierig wird und womöglich auf die Idee kommt, den Reiter zu zwicken, wenn der erwartete Leckerbissen einmal ausbleibt. Ich habe übelgelaunte, völlig verdorbene Ponys gesehen. Sie waren einfach nur zu sehr verwöhnt worden.

Das Pferd hat kein logisches Denkvermögen. Es kann Ursache und Wirkung nicht miteinander in Verbindung bringen. Wenn es auch nur eine Minute,

Wenn sich das Pferd bewegt, muß das Gewicht des Reiters mit der Bewegung mitgehen.

nachdem es etwas falsch gemacht hat, bestraft wird, kann es die Strafe nich
mehr mit dem Fehler in Zusammenhang bringen. Man verwirrt es höchstens
Ein erfahrener Ausbilder bestraft sein Pferd deshalb so selten wie möglich
Korrektur ist die Antwort auf Fehler und Ungehorsam. Wenn das Pferd ab
sichtlich ungehorsam ist, muß man die Übung sogleich wiederholen, und zwa
so lange, bis der Reiter seinen Willen durchgesetzt hat. Gehorsam aber mu
belohnt werden.

Auge und Ohr sind beim Pferd viel besser ausgebildet als beim Menschen. Ei
Geräusch oder ein Anblick, der für den Reiter alltäglich ist, kann das Pferd i
Alarmzustand versetzen. Deshalb achte man auf die Ohren seines Pferdes
Sie sind ein gutes Zeichen für seine Verfassung.

Wir benutzen die Instinkte des Pferdes, um seine Angst zu überwinden un
sein Vertrauen zu gewinnen. Hat es Vertrauen zu seinem Reiter, so wird e
lernen, weniger ängstlich zu sein und seine Muskeln zu entspannen. Alles zu
sammen hilft uns, ein gutgerittenes, verläßliches Pferd zu erziehen.

2. Der Sitz

ie Bewegungen des Anfängers

eder Mensch hat beim Gehen, Stehen und Sich-Setzen unbewußt ablaufende ewegungen, die wir Reflexe nennen. Diese Reflexe sind richtig, solange wir uf unseren Füßen stehen; sitzen wir jedoch zu Pferde, sind sie falsch und üssen korrigiert werden. Große Aufmerksamkeit und ständiges Üben können ie Reflexe eines Fußgängers in die eines Reiters umwandeln. Hier ein Beiiel: Man setze einen Anfänger in den Sattel und sehe sich an, was passiert. r setzt sich hin, als sei der Sattel ein Sessel. Das Gewicht seines Körpers ht auf seinem Hinterteil, die Beine sind vorgestreckt, die Brust zusammenesunken, und der Kopf hängt nach vorn. Stecken wir nun noch seine Füße die Steigbügel, so wird er sich mit steifen Knien und Fußgelenken dagegenemmen. Jetzt geben wir ihm die Zügel in die Hände, er wird prompt daran ehen. Das sind natürliche Reflexe.

iderstand gegen ein Pferd ist der Anfang vom Ende, und der stärkste Mann ird den Kampf mit dem Pferd verlieren, weil das Pferd noch stärker ist.

nsere Aufgabe ist es also, die Haltung des Anfängers so zu ändern, daß er chtige Reflexe entwickeln kann. Als erstes muß er lernen, nicht an den Zügeln ziehen. Wenn das Pferd ungehorsam ist oder pullt, muß der Reiter gegenlten; das ist jedoch etwas anderes, als an den Zügeln zu ziehen. Er braucht zu „unabhängige" Hände und einen festen Sitz, womit wir wieder beim Sitz ären. Über die Hände sprechen wir ausführlich in einem späteren Kapitel.

ie Haltung

ir haben gesagt, daß der Reiter mit dem Pferd im Gleichgewicht sein muß, n gut reiten zu können: Das heißt für den Reiter, mit der geringsten Anstrenng, und für das Pferd, mit dem geringsten Unbehagen.

Wenn man sich ein Pferd ansieht, stellt man fest, daß sein Schwerpunkt direkt hinter dem Widerrist liegt. Dort ist der Rücken am kräftigsten, und die Rippen bilden zwischen Wirbelsäule und Brustbein den Brustkorb. Auf dem schwächsten Teil des Rückens, der Nierenpartie, darf kein Gewicht liegen, und auch die gewaltigen Muskeln der Kruppe müssen frei bleiben.

Hinter dem Widerrist spürt man außerdem die Bewegung des Pferdes am wenigsten, was es dem Reiter erleichtert, seinen Körper jedem Tempo des Pferdes anzupassen.

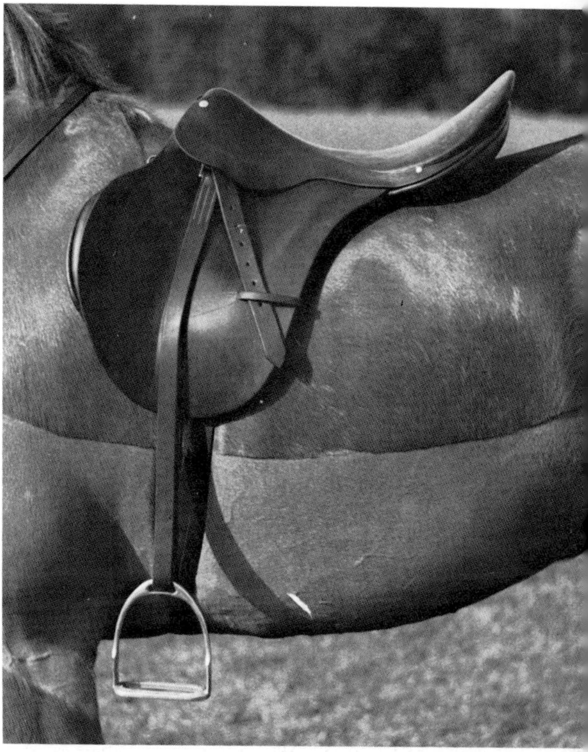

Ein gut angepaßter Sattel unterstützt den tiefen Sitz des Reiters.

Der Sattel

Damit der Reiter auf der richtigen Stelle sitzen kann, braucht er einen, dem Pferd gut angepaßten Sattel. Der Sattel soll den tiefen Sitz des Reiters unterstützen. Die meisten modernen Sättel sind gut gearbeitet, aber gelegentlich sieht man Sättel, die zum Hinterzwiesel hin schräg abfallen, und damit soll der arme Reiter dann im Gleichgewicht einen Hü-

Hier der typische Stuhlsitz: Die Zügel sind zu lang, und der Reiter stemmt sich mit steifen Knien und Fußgelenken gegen die Steigbügel.

gel hinaufreiten! Wer sich einen Sattel kauft, muß darauf achten, daß der tiefste Punkt vorne liegt und die Sitzfläche des Sattels schmal ist.

Klemmen

Die ersten Reitstunden sind für den Reiter von entscheidender Bedeutung, und das schlechteste, was man ihm sagen kann, ist, er solle sich mit Knien und Schenkeln festhalten. Er wird seine Knie steifmachen, die Zehenspitzen nach außen drücken und sich mit den Waden und Oberschenkeln festklemmen. Der Erfolg ist, daß er sich — wie ein Sektpfropfen aus der Flasche — aus dem Sattel drückt und die Steigbügel ohne das Gewicht der Reiterbeine lose nach unten baumeln.

Der Reiter klemmt mit Waden und Oberschenkeln.

Der Halt spielt erst eine Rolle beim guten Sitz, wenn sich die richtigen Muskeln entwickelt haben. Der gute Sitz ist eine Kombination von Gleichgewicht, Geschmeidigkeit und Haften am Sattel.

Gleichgewicht

Als erstes muß der Reiter das natürliche Gleichgewicht entwickeln. Man setzt ihn mit dem Spalt weit nach vorn in den Sattel. Er muß sein Gleichgewicht auf den Gesäßknochen fühlen und

icht auf seinem Hinterteil. Ein Teil des Gewichts ruht auf den Oberschenkeln, ie je nach Körperbau nach unten und schräg nach vorn hängen.
)ie Innenseite der Waden liegt am Sattel. Die Knie berühren in diesem frühen tadium noch nicht den Sattel, aber das macht nichts. Wenn die Knie locker ind, werden die Unterschenkel von selbst mit der Innenseite der Waden den 'ferdeleib berühren. Die Steigbügel liegen unter dem Fußballen. Die Länge der teigbügelriemen richtet sich nach der Länge der Unterschenkel. Ein Reiter nit kurzen, dicken Schenkeln braucht kürzere Riemen als ein gleich großer Reiter mit langen, dünnen Schenkeln. Die sorgfältige Einstellung der Riemen

ute Lage der Oberschenkel bei übergeschlagenen Steigbügeln

Die Steigbügelriemen sind zu kurz, der Sitz ist verkrampft.

Die Steigbügel sind zu lang, der Reiter kipp vornüber.

Um im Gleichgewicht zu sitzen, muß der Reiter den Oberkörper aufrichten, die Schultern zurücknehmen und mit erhobenem Kopf geradeaus blicken.

Der Reiter reitet in tadelloser Haltung über Bodenstangen.

ist wichtig. Sind sie zu lang, so kippt der Reiter vornüber, und das schwächt seinen Sitz. Sind sie zu kurz, so verkrampfen sich die Knie, und der Reiter wird im Sattel nach hinten gedrückt.

Die Fußgelenke wirken als Stoßdämpfer. Sie dürfen niemals festgehalten und unelastisch sein. Damit die Wadenmuskeln angespannt werden können, müssen die Absätze etwas tiefer gehalten werden als die Fußspitzen. Die Fußspitze zeigt im leichten Winkel nach vorn-außen.

Um im Gleichgewicht zu sitzen, muß der Reiter seinen Oberkörper aufrichten, die Schultern zurücknehmen und mit erhobenem Kopf geradeaus blicken. Der Kopf ist wichtig für Gleichgewicht und Geschmeidigkeit, denn wenn er zur Seite geneigt oder nach vorn geschoben wird, so kommt der Reiter aus der Balance, und außerdem versteift er sich auf einer Seite.

Gute Haltung der Unterschenkel

Nur wenn die Fersen sich genau unter den Schultern befinden, ist man im Gleichgewicht, egal ob man zu Fuß geht oder auf dem Pferd sitzt. Beim Reiter muß man eine gerade Linie von der Schulter über die Hüfte zur Ferse ziehen können. Sind die Fersen vor dieser Linie, ist man hinter der Bewegung des Pferdes, sind sie dahinter, ist man vor der Bewegung.
Der Oberkörper muß jederzeit bereit sein, der Bewegung des Pferdes zu folgen. Der Reiter soll zu Pferde sitzen, als ob er mit gebeugten Knien steht, die Fußgelenke leicht angewinkelt, Knie und Hüften weich und geschmeidig. In dieser Haltung werden besonders die Muskeln der Oberschenkel allmählich gestärkt und entwickelt. Hat man einige Monate in dieser Haltung zu Pferde gesessen, wird der Sitz tiefer, und der Reiter kann sich mit Oberschenkeln, Knien und Unterschenkeln im Sattel halten. Sich festzuhalten wird zu einem natürlichen Reflex, der in den Unterschenkeln anfangen und sich nach oben entwickeln soll.
Wenn die Unterschenkel eng am Pferdekörper liegen, bleiben die Knie geschmeidig. Das gibt dem Reiter ein größeres Gefühl der Sicherheit und fördert den tiefen Sitz vorn am Sattel. Das Kreuz wird nach vorn geschoben und hilft dem Reiter, seinen Rücken aufzurichten. Rücken und Kreuz sollen sich nicht nach hinten wölben, weil der Körper sich sonst versteift und der Reiter hinter die Bewegung gerät. Hebt der Reiter seine Brust, so wird er ein Gefühl der Leichtigkeit erleben. „Reite dich groß" ist ein gutes Motto für den Anfänger.
Das Pferd bewegt sich in verschiedenen Gangarten und Rhythmen, und der Körper des Reiters muß sich diesen Bewegungen anpassen, wobei sich kein Muskel verkrampfen darf.

Die Hände

Nun ein Wort über die Hände. Gute, ruhige Hände kann ein Reiter nur haben, wenn sein Sitz sicher und unabhängig ist. Man muß aber von Anfang an darauf achten, daß der Reiter seine Hände richtig hält. Ellenbogen, Handgelenke und Finger müssen locker und geschmeidig sein. Wir wollen versuchen, daß die

Zügel und Steigbügel liegen auf dem Pferdehals. Die Hände fassen in die Sattelkammer. Mit durchgedrückten Knien heben Sie die Beine vom Sattel.

Hände von der ersten Stunde an eine feine Verbindung zum Pferdemaul haben. Der Oberarm hängt zwanglos herab, und der Ellenbogen liegt locker an der Hüfte. Der Ellenbogen darf niemals hinter der Hüfte sein, weil der Körper sich sonst versteift.

Die Zügel werden mit aufrechtstehenden, festgeschlossenen Fäusten gehalten, auf denen dachförmig der Daumen sitzt.

Wird das Pferd nun herumgeführt, spürt der Reiter die Bewegung von Pferdekopf und -hals. Im Schritt schwingt der Pferdekopf auf und ab. Der Reiter hält leichte Verbindung, folgt dem Schwung mit elastischen Ellenbogen, Handgelenken und Fäusten und versucht, eine gerade Linie vom Ellenbogen über

Elastische Ellenbogen, Handgelenke und Finger sind die Voraussetzung für ruhige Hände.

den kleinen Finger, der unter dem Zügel liegt, zur Trense zu halten. Die Hüfte des Reiters muß mit der Hüfte des Pferdes schwingen. Nun fühlt der Reiter die Bewegung des Pferdes mit Gesäß und Händen. Das ist der Anfang einer guten Handhaltung. Wenn das Pferd im Schritt geht, muß die Hand der Bewegung von Kopf und Hals mit leichter elastischer Bewegung folgen. Soll das Pferd die Richtung wechseln oder den Schritt verkürzen, muß der Reiter ihm durch leichtes Annehmen eines oder beider Zügel ein deutliches Zeichen geben.

Aber darüber werden wir später im Zusammenhang mit den Hilfen mehr erfahren.

Die Hände folgen mit leichter Verbindung der Bewegung des Pferdekopfes.

3. Gleichgewicht und lockernde Übungen

Der Reiter weiß nun, wie er richtig im Sattel sitzen soll. Aber nun muß er durch Freiübungen sein natürliches Gleichgewicht und seine Muskeln entwickeln. Ein guter Reiter wirkt ungezwungen, aber gleichzeitig ist er imstande, seine Hilfen deutlich und unabhängig voneinander anzuwenden. Er hat seine Muskeln vollkommen unter Kontrolle.

Am Anfang werden Freiübungen an der Longe unter Aufsicht eines Reitlehrers gemacht, der hilft und korrigiert. Die Übungen dürfen niemals als Drill aufgefaßt werden, denn sie sollen dem Reiter helfen, sich zu entspannen.

Fünf Minuten Freiübungen zu Beginn jeder Reitstunde werden sich sehr günstig auf den Sitz des Reiters und seine Reitfähigkeit auswirken. Von Anfang an soll man daran denken, daß sich jeder Körperteil unabhängig von allen anderen bewegt. Schwingt man einen Arm, so muß der andere stillgehalten werden. Arbeitet man mit einem Bein, darf das andere nicht vorwärtstreiben oder sich verkrampfen. Und die Hände müssen ruhig bleiben!

Folgende Übungen sollen zu Beginn jeder Reitstunde fünf Minuten lang im Halten ausgeführt werden:

Nehmen Sie die Steigbügel hoch und legen Sie die Zügel auf den Hals des Pferdes.

Mit beiden Händen fassen Sie in die Sattelkammer und heben die Beine mit durchgedrückten Knien nach beiden Seiten leicht vom Sattel. Der Rücken bleibt senkrecht. Deutlich fühlen Sie Ihr Körpergewicht auf den Gesäßknochen.

Wiederholen Sie die Übung sechsmal und entspannen Sie sich dann. Nun strecken Sie sich. Die Knie nehmen Sie zurück, machen die Beine lang und dehnen den Rücken soweit wie möglich nach oben. Die Augen blicken

Der Reiter muß lernen, sich „groß zu reiten“.

trecken Sie sich: Beine mit durchgedrückten Knien nach unten, Rücken mit erhobenem Kopf ach oben

ach oben. Auch diese, wie alle folgenden Übungen, wird sechsmal wiederholt. Nun werden die Fußgelenke gelockert. Die Knie liegen am Sattel, und die Füße nachen kreisende Bewegungen.

Als nächstes kommen Arme und Hände an die Reihe. Die Beine liegen ruhig m Pferd. Beide Arme bewegen sich unabhängig voneinander. Heben Sie en rechten Arm waagerecht zur Seite, führen ihn nach vorn, nach oben und oweit wie möglich nach hinten. Anschließend machen Sie mit dem linken Arm ieselben Übungen, die fließend ausgeführt werden.

Legen Sie die Hände abwechselnd an den Hinterkopf und bewegen Sie die Ellenbogen vor und zurück.

Entspannen Sie sich.

Unabhängig voneinander bewegen sich die Arme.

Nun schwingen Sie erst das rechte, dann das linke Bein nach hinten und halten die Fußgelenke mit der Hand fest. Immer abwechselnd, rechts und links. Durch diese Übung werden die Knie gelockert. Die Beine kehren in ihre natürliche Lage zurück, denn jetzt wollen wir die Rückenmuskeln arbeiten lassen. Dazu fassen Sie mit beiden Händen unter den hinteren Sattelrand, richten den Rücken ganz gerade auf und drücken die Brust nach vorn.
Alle Übungen dienen dazu, die Muskeln zu dehnen, Ihr Gleichgewicht zu verbessern und Ihnen Vertrauen zu sich und zu Ihrem Pferd zu geben.
Die Übungen sollen täglich in der Halle gemacht werden, bis Sie keine Angst mehr haben. Später werden die Übungen auch im Trab und leichten Galopp ausgeführt.
Haben Sie einen Reitlehrer, der Sie an die Longe nehmen kann, und ein ruhiges Pferd, werden Sie alle Übungen schnell lernen.

Lockern der Arme

Zum Lockern der Knie schwingen die Beine nach hinten und werden mit den Händen festgehalten.

rbeit ohne Steigbügel

uvor ein Wort der Warnung. Großer Schaden kann angerichtet werden, wenn u lange ohne Steigbügel gearbeitet wird. Sobald der Reiter ermüdet, nimmt r eine falsche Haltung ein, um die Muskeln zu entlasten. Er verkrampft sich. eshalb soll täglich höchstens zehn Minuten ohne Steigbügel auf einem uhigen Pferd geritten werden. Überlegen wir uns, welche Vorteile das Reiten hne Steigbügel bringt: Es fördert den tiefen Sitz, verbessert das Gleichgewicht nd das Vertrauen und lockert die Muskeln der Beine und des Oberkörpers. ußerdem können die Beine unabhängig voneinander einwirken.
obald der Reiter ermüdet, verkrampft er sich und hockt mit passiven Knien nd Unterschenkeln auf dem Pferd.

ie Steigbügel

ie Steigbügel dienen zur Sicherheit des Reiters. Aber sie müssen richtig beutzt werden: Der Steigbügel liegt auf dem Fußballen. Das Gewicht geht in eine Richtung. Versteift man Knie und Fußgelenke, so erreicht das Gewicht ie Steigbügel nicht, und sie sind keine Hilfe für den Reiter.
m Schluß jeder Reitstunde mache man folgende Übung:
as Pferd hält. Die Steigbügel liegen auf den Fußballen. Die Fersen liegen iefer als die Fußspitzen. Knie locker halten. Der Oberkörper neigt sich mit estrecktem Rücken leicht nach vorn, und die Augen schauen geradeaus. Nun ebt man das Gesäß fünf Zentimeter aus dem Sattel und läßt das Gewicht des örpers in die Fersen sinken. Wenn man bei dieser Übung Schwierigkeiten hat, ann man mit einer Hand in die Mähne des Pferdes greifen. Sobald man edoch im Gleichgewicht ist, soll diese Übung im Halten und im Schritt ausgeführt werden, ohne daß die Zügel oder die Mähne berührt werden.
ährend der ganzen Übung achte man darauf, daß man das Pferd mit der nnenseite der Unterschenkel fühlt und daß die Füße mit den Steigbügeln im ichtigen Winkel zum Pferd bleiben.
brigens ist diese Übung eine gute Vorbereitung für das Leichttraben.

assen Sie unter den Hinterzwiesel und dehnen Sie den Rücken.

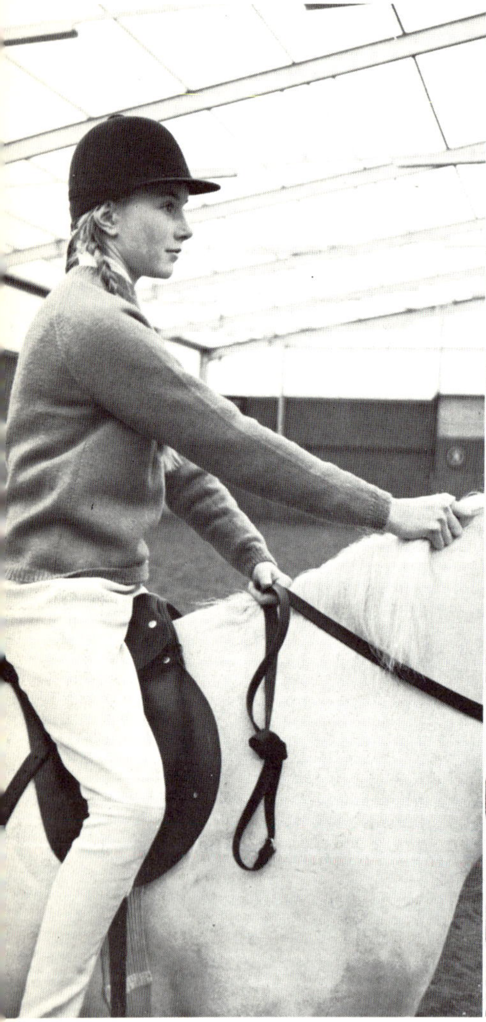

Die rechte Hand faßt in die Mähne . . .

und der Reiter hebt sich leicht aus dem Sattel.

Sobald der Reiter einen ausbalancierten Sitz hat, hebt er sich aus dem Sattel, ohne in die Mähne zu fassen.

4. Anwendung der einfachen Hilfen

Unsere Befehle übermitteln wir dem Pferd durch bestimmte Signale, die wir Hilfen nennen. Das Pferd muß lernen, sie zu befolgen, und der Reiter muß lernen, diese Hilfen korrekt anzuwenden. Die natürlichen Hilfen sind: Beine, Hände, Gewicht des Körpers durch Gesäß und Kreuz und die Stimme. Die künstlichen Hilfen sind Gerte, Sporen, Martingal usw. Von Anfang an muß sich der Reiter darüber klar sein, welche Wirkung die Hilfen auf die Bewegung des Pferdes haben.

Die Stimme

Eine sanfte Stimme wirkt beruhigend auf das Pferd, während ein scharfer Befehl es veranlaßt, seine Gangart zu beschleunigen. Man darf ein Pferd niemals anschreien, weil sein Gehör äußerst empfindlich ist und seine Reaktionen unberechenbar. Außerdem darf man ein Pferd nicht mit der Stimme strafen. Während eines Turniers oder im Parcours soll man die Stimme nicht gebrauchen. Bei Dressurprüfungen handelt man sich damit sogar Strafpunkte ein.

Gewicht

Das Körpergewicht ist eine wirksame Hilfe, weil man das Pferd durch Gewichtsverlagerung zum Beispiel veranlassen kann, die Richtung zu wechseln. Für den Anfänger besteht die größte Schwierigkeit darin, daß er noch keinen festen, unabhängigen Sitz hat. Sein Gewicht kann die Bewegungen des Pferdes

Reiter und Pferd im Gleichgewicht beim Leichttraben

noch nicht unterstützen. Er muß lernen, sein Gewicht gleichmäßig auf beide Gesäßknochen zu verteilen und den Bewegungen des Pferdes ohne übertriebenen Schwung des Oberkörpers zu folgen. Der fortgeschrittene Reiter wird sein Gewicht richtig einsetzen, um seine Hilfen bei der Ausbildung des jungen Pferdes zu unterstützen. Haben Reiter und Pferd ein gutes Niveau erreicht, so ist eine geringe Gewichtsverlagerung schon ein deutliches Zeichen für das Pferd.

Das Kreuz

Das Kreuz dient zur Unterstützung der Gewichtshilfen. Wenn man es anspannt, überträgt sich das Gewicht auf den Pferderücken, und das Pferd versucht, dem stärkeren Druck auszuweichen: Es macht sofort einen Schritt nach vorn.
In allen Gangarten ist das richtige Kreuzanspannen als treibende Hilfe gleich wichtig.
Auch ohne Pferd kann man das Kreuzanspannen üben. Man setzt sich auf die Kante eines Hockers und versucht, mit ihm nach vorn zu kippeln. Man spannt das Kreuz an. Jetzt haben wir eine wichtige Hilfe schon in der Theorie gelernt.

Die Beine

Die Beine des Reiters haben zwei wichtige Aufgaben. Erstens wirken sie treibend, wenn sie leicht am Sattelgurt einwirken, und zweitens kontrollieren sie die Hinterhand des Pferdes.
Wenn ein Bein hinter dem Sattelgurt stärker treibt, kann das ausgebildete Pferd zur Seite bewegt werden.
Die Beine liegen ruhig an den Seiten des Pferdes und bleiben passiv, bis eine stärkere Hilfe gebraucht wird. Das ständige Klopfen der Reiterbeine stumpft das Pferd ab, und später braucht man unverhältnismäßig viel Kraft, wenn man wirklich einmal einen Befehl durchsetzen will.
Als Unterstützung steht dem Reiter die Gerte zur Verfügung. Ein leichter Schlag mit der Gerte, der das Pferd hinter den Beinen des Reiters trifft, macht das Pferd so feinfühlig, daß es auf die geringsten Zeichen reagiert.

Die Hände

Wir haben bereits gesagt, daß die Voraussetzung für ruhige Hände der feste, unabhängige Sitz ist. Feinheit in der Anwendung der Hilfen ist die nächste Stufe. Gute Hände sind normalerweise passiv, ihre Bewegung richtet sich nach der Bewegung des Pferdekopfes. Sie sollen selten aktiv werden, es sei denn, sie geben eine halbe Parade, um das Tempo zu verringern. Zusammen mit anderen Hilfen können sie das Pferd auch antreiben oder den Übergang von einer Gangart in die andere einleiten.
Die Hände dürfen niemals an den Zügeln ziehen, weil der Reiter dann nicht gegenhalten kann, wenn es notwendig ist, oder die Zügel nicht mehr die richtige Länge haben.
Der Widerstand der Hände darf niemals größer sein als der Widerstand des Pferdes und muß sofort aufhören, wenn das Pferd seinen Widerstand aufgibt. Die meisten Reiter gebrauchen ihre Hände zu viel und ihre Beine zu wenig. Die Hände eines guten Reiters bemerkt man selten. Die Aufmerksamkeit wird nur auf „fleißige“ Hände gelenkt, was gleichbedeutend mit schlechten Händen ist.
Man muß dem Anfänger sagen, daß seine Hände und seine Beine nicht gegeneinander arbeiten dürfen. Fordern die Beine eine Vorwärtsbewegung, so müssen die Hände nachgeben. Mit elastischen Bewegungen der Ellenbogen, der Handgelenke und der Finger sollen sie eine leichte Verbindung mit dem Pferdemaul halten.
Auch die Art der Zügel ist von Bedeutung. Sie sollen so breit sein, daß sie nicht rutschen, wenn Finger und Daumen sich fest schließen, um gegenzuhalten. Ebenso wichtig ist es, ein leichtes Trensengebiß mit passendem Zaum zu verwenden.

Zusammenspiel der Hilfen

Die Hände kontrollieren und entwickeln den Anstoß, den Beine und Kreuz des Reiters geben. Das Pferd soll gegen das Gebiß geritten und nicht das Gebiß ins Pferdemaul gezogen werden. Nehmen wir ein einfaches Beispiel: das Durchparieren vom Schritt zum Halten, ein Übergang, der oft falsch gemacht wird. Wir haben gesagt, daß die Hand des Reiters dem Schwung des Pferde-

Ganze Parade vom Schritt zum Halten. Die Reiterin in guter Haltung

\uch dieser Reiter pariert vom Schritt zum Halten durch, aber sein Sitz ist unsicher und seine ländе sind zu hoch.

kopfes mit leichter Verbindung und gleichbleibendem Rhythmus folgen soll. Wollen wir zum Halten durchparieren, so folgt die Hand nicht mehr der Bewegung, sondern bleibt stehen. Das ist jedoch nur möglich, wenn die erste Einwirkung vom Körper ausgeht. Das Kreuz ist angespannt und treibt gegen die Hände. Die Hände verringern ihre Bewegung und bleiben stehen. Es ist, als wenn das Pferd gegen eine Wand läuft. Es bleibt stehen in natürlicher Haltung und ohne Widerstand. Die Hinterbeine sind unter den Körper getreten und haben den Übergang vom Schritt zum Halten unterstützt.

Bei dieser ganzen Parade sind die Zügel zu lang, der Sitz ist ohne Einwirkung und der Rücken steif.

ɪeim Zusammenspiel der Hilfen müssen Beine und Kreuz immer etwas rüher eingesetzt werden als die Hände, sowohl beim Beschleunigen als auch eim Verringern der Gangart.

)iagonale Hilfen

)asselbe Prinzip gilt beim Wechseln der Richtung. Der Reiter muß sich klar- ıachen, daß das Pferd immer in die Richtung blicken muß, in die es gehen

ine einfache diagonale Hilfe nach links. Das Pferd schaut in die Richtung, in die es geht.

soll. Wir stellen uns vor, das Pferd solle nach rechts abbiegen. Mit Schenkel und Kreuz treiben wir das Pferd vorwärts. Die rechte Hand führt den Züge etwas nach außen, der Kopf des Pferdes folgt der Bewegung und wende sich in die neue Richtung. Das nennt man den offenen Zügel.

Später nimmt der Reiter den Zügel nur an, das heißt, er dreht die Faust leich nach innen, wodurch der Zügel um einige Zentimeter verkürzt wird. Wenn di innere Hand, in diesem Fall die rechte, das Pferd veranlaßt, nach rechts z gehen, muß die linke harmonisch mit ihr zusammenarbeiten, um dem Pfer die Biegung zu ermöglichen. Das Nachgeben des linken Zügels darf jedoc nicht dazu führen, daß die Verbindung zum Pferdemaul verlorengeht. Di Hinterbeine des Pferdes müssen der Spur der Vorderbeine folgen. Der äußer Schenkel, der linke in diesem Fall, liegt verwahrend wenig hinter dem Gur um die Hinterhand des Pferdes zu kontrollieren. Das innere Bein liegt imme am Gurt, weil es auch in der Wendung treiben muß.

Bei den diagonalen Hilfen hat jede Hand und jedes Bein eine andere Aufgabe die jedoch miteinander harmonisieren müssen. Diese Hilfen werden in alle Sparten der Reiterei angewendet. Durch die unterschiedliche Stärke, mit de sie angewendet werden, wird die unbegrenzte Vielfalt der Wirkungen er zielt.

Sorgfältig muß darauf geachtet werden, daß die Hilfen nicht gegeneinande arbeiten. Fordert man mit dem rechten Zügel eine Wendung, muß man mi dem linken nachgeben; er muß die Wendung begrenzen und die Gangar unter Kontrolle halten. Wenn das rechte Bein einwirkt und mehr Schwung vo den Hinterbeinen fordert, muß das linke Bein zuerst den Schwung ermöglichen dann jedoch verwahrend die Bewegung unter Kontrolle halten. Nur auf einen gut ausgebildeten Pferd kann der Anfänger lernen, die Wirkung der Hilfe zu fühlen. Es ist unverantwortlich, einen Anfänger auf ein unausgebildete Pferd zu setzen und dann zu erwarten, daß er Erfolg hat.

». Die Haltung des Reiters im Schritt und Trab

er Schritt

er Schritt ist eine ruhige Gangart im Viertakt. Der Reiter muß lernen, sich em Rhythmus der Bewegung anzupassen und zum Vorwärtsreiten, Halten, Venden und auf dem Zirkelreiten die richtigen Hilfen zu geben. Der Reiter ıuß nach vorn blicken und darf nicht einfach ohne Gefühl für die Richtung ›sreiten.

'or einer Wendung schaue man auf den Punkt, den man erreichen will, und ›ite dann zielstrebig darauf zu. Wichtig ist, wohin die Augen blicken. Sieht ıan zu Boden, werden Rücken und Schultern rund, das Kreuz kann nicht mehr ngespannt werden, und der Sitz wird schlaff und unsicher. Mit erhobenem .opf bleibt der Reiter im Gleichgewicht, und der Rücken ist gerade auf-ᴈrichtet.

er Reiter muß die natürliche Tendenz überwinden, sich nach vornüber zu eigen. Die Einwirkung durch den Sitz geht verloren, Hände und Beine werden u sehr belastet, und die Hilfen können nicht mehr wirkungsvoll gegeben 'erden. Das Reitergewicht belastet die Vorderbeine des Pferdes, und man hat ; nicht mehr unter Kontrolle.

/enn man aufrecht sitzt, liegt das Gewicht auf den Gesäßknochen. Hände nd Beine können sich unabhängig bewegen. Bei der Arbeit im Schritt kann ıan sich ganz auf seine Haltung, auf die Hilfen und die Bewegungen konzen-ieren. Kombiniert mit Freiübungen im Halten werden sich Gleichgewicht, ie richtigen Muskeln und Vertrauen rasch entwickeln.

ine gute Übung im Schritt ist es, die Zügel zu verlängern. Man läßt die ügel ruhig und gleichmäßig aus den Fingern gleiten und nimmt sie dann ieder auf. Die Übung fördert die Unabhängigkeit der Hände, und man lernt, chtig mit den Zügeln umzugehen.

Der Schritt ist eine ruhige Gangart im Viertakt. Die Reiterin sitzt in tadelloser Haltung.

Oben: Beim Wechseln der Richtung schaut man auf den Punkt, den man erreichen will.

Unten: Das Pferd geht auf die Mittellinie, um durch die ganze Bahn zu wechseln.

Der Trab

Nur wenn der Anfänger die Arbeit im Schritt und beim Halt sicher und mi Selbstvertrauen ausführen kann, darf er mit dem Traben beginnen. Er muf leidlich im Gleichgewicht sitzen können, und die Muskeln der Oberschenke sollten gestreckt und gestärkt sein.
Ein Gefühl für den Trab bekommt der Reiter am besten, wenn er auf einem ruhigen Pferd sitzt, das ein erfahrener Reitlehrer an die Longe nimmt. We keine Gelegenheit dazu hat, beginnt mit dem Traben in der Halle. Der Reite nimmt die Zügel in eine Hand und hält sich mit der anderen an der Sattel-kammer fest.

Aussitzen

Bei den ersten zwei bis drei Trabversuchen kann man die Bügel an den Gurter festbinden. Sie hängen dann auf alle Fälle gerade herunter, und die Unter-schenkel können sich nicht übermäßig bewegen. Die Lage der Unterschenke beeinflußt die Haltung des Oberkörpers und die Sicherheit des Sitzes.
Der Reiter muß sich immer wieder vergewissern: Die Unterschenkel befinder sich senkrecht unter den Schultern; die Fersen sind etwas tiefer als die Zehen damit die Wadenmuskeln sich spannen können; die Innenseite der Waden lieg am Sattelgurt. Die Knie sind geschmeidig; am Anfang brauchen sie nicht fes am Sattel zu liegen.
Nun muß der Reiter die Muskeln der Unterschenkel und das Kreuz anspanner und gleichzeitig mit den Zügeln leicht nachgeben. Das Pferd beginnt zu traben Der Reiter hält sich mit der rechten Hand in der Sattelkammer fest, richte seinen Oberkörper auf und blickt mit erhobenem Kopf geradeaus. Nach ei paar Schritten pariert er durch zum Schritt. Dabei gibt er eine halbe Parade.
Der Trab ist eine Gangart im Zweitakt, bei der sich jeweils das diagonal Beinpaar gleichzeitig bewegt. Am leichtesten lernt der Reiter die Gangar kennen, wenn er den Takt mitzählt.

Beim ausgesessenen Trab faßt der Anfänger mit einer Hand in die Sattelkammer.

Leichttraben

Wenn der Reiter beim Aussitzen das richtige Gefühl für den Trab bekomme hat und sich die Muskeln weiter entwickelt haben, wird er mit dem Leichttrabe keine Schwierigkeiten haben.
Er sollte noch einmal üben, sich im Halten aus dem Sattel zu heben und da Gewicht in die Fersen sinken zu lassen. Er muß diese Übung ausführe können, ohne sich in der Mähne festzuhalten, bevor er beginnt leichtzutraben. Der Körper ist leicht nach vorn geneigt. Der Reiter hebt sich bei jedem zweite Trabsprung leicht aus dem Sattel und setzt sich dann wieder. Wie bei de Gleichgewichtsübung, die wir schon im Halten geübt haben, hält die link Hand die Zügel, während die rechte in die Mähne greift. Mit Schenkeldruck Anspannen des Kreuzes und Nachgeben der Zügel gibt der Reiter den Befeh zum Trab. Sobald das Pferd zu traben beginnt, erhebt er sich aus dem Satte Beim nächsten Trabsprung setzt er sich wieder. Sobald er gelernt hat, sich in richtigen Rhythmus zu bewegen, nimmt er die Zügel in beide Hände, ohne a den Zügeln zu ziehen. Das ist sehr wichtig, denn viele Reiter ziehen sich an de Zügeln vorwärts. Während des Trabens hält das Pferd seinen Kopf verhältnis mäßig ruhig. Deshalb müssen auch die Reiterfäuste mit leichter Verbindun zum Pferdemaul ruhig gehalten werden.
Um beim Leichttraben das Gleichgewicht nicht zu verlieren und im Sitze treiben zu können, muß sich der Reiter vergewissern, daß seine Unterschenke korrekt am Pferdeleib liegen und sein Gewicht in den Fersen ruht. Die Kni liegen weich und geschlossen am Sattel. Sie dürfen jedoch nicht drücken. De Oberkörper bewegt sich aus der Hüfte heraus. Die Schultern bewegen sich zu sammen mit den Hüften nach vorn, und bei jedem zweiten Trabsprung komm das Gesäß wieder fest in den Sattel. Die Augen schauen wie immer geradeaus Viele Reiter klemmen beim Aufstehen im Trab mit den Knien und beuge ihren Oberkörper nach vorn. Dadurch geraten sie beim Niedersetzen zu wei nach hinten, verlieren jeglichen Einfluß beim Sitzen und können nicht meh treiben.
Auf dieser Stufe der Ausbildung sollte man nur leichttraben, wenn man da Tempo beschleunigen oder verringern will. Bis der Reiter Geschmeidigkeit un Muskeln entwickelt hat, ist das Leichttraben sehr ermüdend. Das kann de Haltung des Reiters und dem Gang des Pferdes schaden.

Beim Leichttraben hebt sich der Reiter bei einem Trabsprung aus dem Sattel . . .

beim nächsten setzt er sich wieder.

6. Aktiveres Reiten

Arbeit im Trab

Der Reiter muß nun im leichten Trab all jene Hilfen geben, die er im Schritt gelernt hat. Er muß lernen, vom Schritt zum Trab überzugehen und vom Trab zum Schritt durchzuparieren. Wenn beide Beine und das Kreuz treiben und die Hände nachgeben, muß das Pferd zu traben beginnen. Die Gerte verleiht den Hilfen Nachdruck, wenn das Pferd nicht sofort antrabt. Sobald die richtige Gangart erreicht ist, beginnt der Reiter leichtzutraben. Die Beine bleiben ruhig, sind aber jederzeit bereit zu treiben, damit das Pferd nicht von selbst in den Schritt zurückfällt.

Um vom Trab zum Schritt durchparieren zu können, bereitet der Reiter sein Pferd im Sitz vor. Er richtet seinen Rücken auf, schließt die Beine, treibt mit dem Kreuz und hält mit den Fäusten gegen, bis das Pferd im Schritt geht. Die Hinterhand des Pferdes wird etwas tiefer und die Kopfhaltung ruhig. Man nennt diesen Übergang eine halbe Parade. Die Hand des Reiters nimmt nun den Rhythmus der Schrittbewegung auf.

Diese Übungen haben große Bedeutung für alle Übergänge von einer Gangart in die andere und sollten mit Gefühl geübt werden, bis sie perfekt sitzen. Alle Wendungen und Richtungsänderungen müssen akkurat und ruhig ausgeführt werden. Das Pferd soll in die Richtung der Bewegung gestellt sein, und seine Hinterbeine müssen der Spur der Vorderbeine folgen. Das innere Bein des Reiters muß treiben.

Die Diagonalen

Wir haben bereits besprochen, daß der Trab eine diagonale Gangart ist. Der Reiter sitzt, wenn das eine diagonale Beinpaar vortritt, und hebt sich aus dem Sattel, wenn das andere Beinpaar vorspringt. Der Reiter muß lernen, „umzusitzen“. Er darf nicht immer auf demselben Fuß traben, weil das Pferd sonst auf einem Beinpaar steif und ungeschickt wird. Durch regelmäßiges Wechseln trabt das Pferd in beiden Diagonalen gleich gut. Zum

Ausreiten. Beim Bergaufreiten muß der Körper des Reiters auf alle Fälle im Gleichgewicht mit dem Pferd sein, damit die Hinterhand sich frei bewegen kann.

Umsitzen bleibt der Reiter während zweier Trabsprünge sitzen. Man sagt, er läßt sich werfen. In der Reithalle ist es üblich, den Fuß zu wechseln, sobald die Richtung geändert wird. In der Halle und in der Reitbahn reitet man in ruhigem, gleichmäßigem Arbeitstrab, einem Tempo von ungefähr elf Kilometern in der Stunde. Das ist die Grundlage zur Schulung und Entwicklung eines guten Trabes. Sobald der Reiter leidlich Vertrauen hat und imstande ist, Sitz und Kontrolle über sein Pferd im Schritt und Trab beizubehalten, sollte man es wagen, den Anfänger mit einem erfahrenen Reiter ausreiten zu lassen. Die Arbeit in hügeligem Gelände, das Hinauf- und Hinabreiten hilft dem Reiter, sein Gleichgewicht zu verbessern und die Bewegungen des Pferdes

Bergab. Auch hier muß sich das Pferd ausbalancieren können.

vorauszuberechnen. Die natürliche Übereinstimmung des Gleichgewichts von Reiter und Pferd bringt Leichtigkeit und Grazie in die Haltung. Man muß jedoch jederzeit darauf vorbereitet sein, daß das Pferd aus dem Gleichgewicht kommt, und dann muß man ihm die Zügel lassen, damit es sich wieder ausbalancieren kann.
Um sich am Ausreiten wirklich freuen zu können, muß man in der Halle gelernt haben, sicher und gut zu reiten. Das gilt für Pferd und Reiter, und wenn diese ersten Lektionen gewissenhaft durchgearbeitet worden sind, kann eine gute Zusammenarbeit daraus entstehen.

Aussitzen

Das Aussitzen ist eine besonders wertvolle Übung für den Reiter, auf die nicht verzichtet werden darf. Es sollte allerdings nicht zu früh und nie zu lange geübt werden. Der Reiter muß soweit sein, daß er sich im Sattel halten kann, ohne mit Knien und Schenkeln zu klemmen. Er muß gelernt haben, den Oberkörper mit zurückgenommenen Schultern aufrecht und die Absätze tief zu halten. Mit der rechten Hand faßt er in die Sattelkammer, und in die linke Hand nimmt er die Zügel. So kann er vorn am Sattel sitzen, sein Oberkörper bleibt aufrecht, und sein Gleichgewicht wird verbessert. Ein langsamer Trab ist die richtige Gangart für den Anfänger, bis er in guter Haltung bequem sitzen kann. Sobald das Pferd seinen Rücken und die Nackenmuskulatur entspannt, wird sich auch der Reiter entspannen. Das Aussitzen wird vollkommen sein, wenn der Reiter den Rücken geradehält, ein geschmeidiges Kreuz hat und sein Gewicht fest auf beiden Gesäßknochen ruht. Sind Knie und Fußgelenke geschmeidig, so geht das Gewicht seiner Beine zu den Steigbügeln hinunter.
Das Gefühl der Sicherheit, das der Reiter hat, wenn er sich im Sattel festhält, wird sich bald auch für kurze Zeit einstellen, wenn er den Sattel losläßt. Wenn der Reiter jedoch das Gleichgewicht verliert oder im Sattel nach hinten rutscht, muß er sich sofort wieder am Sattel festhalten.
Das Aussitzen ohne Steigbügel ist eine gute Gleichgewichts- und Geschmeidigkeitsübung, wenn es korrekt ausgeführt wird. Werden die Muskeln jedoch überanstrengt, verkrampft sich der Reiter.
Zum Schluß sollten alle Übungen, die im Halten und im Schritt ausgeführt wurden, auch im Trab gemacht werden.

7. Galopp

Stangen

Bevor wir beginnen, im schnelleren Tempo zu reiten, wäre es gut, wenn der Reiter lernt, über Stangen oder Cavalettis, die auf dem Boden liegen, zu reiten. Sein Gleichgewicht wird dadurch verbessert, und die richtigen Muskeln können entwickelt werden. Wenn ein Pferd aus dem Gleichgewicht gerät, ist die erste Reaktion des Anfängers, sich nach hinten zu lehnen und an den Zügeln zu ziehen. Deshalb ist es wichtig, daß er lernt, das Gegenteil zu tun: Er muß das Gewicht nach vorn verlagern, um dem Pferd Kopf und Hals freizugeben, damit es sein Gleichgewicht wiederfinden kann. Für das Pferd ist es schwierig zu lernen, das Gewicht des Reiters zu tragen. Der erfahrene Reiter wird es dabei unterstützen.
Mit einer schweren Stange, die auf dem Boden liegt, soll eine Reihe wertvoller Übungen für Roß und Reiter beginnen. Der Reiter lernt, im Gleichgewicht zu bleiben und den Oberkörper vorwärts zu neigen, sobald das Pferd über die Stange tritt. Der Reiter fühlt, wie das Pferd Kopf und Hals streckt, und folgt der Bewegung mit geschmeidigen Ellenbogen, Handgelenken und Fingern. Das Pferd lernt gleichzeitig, die Stange zu beachten, ohne sich vor ihr zu fürchten. Das ist bereits eine wertvolle Vorbereitung für das spätere Springen.
Nun wird eine zweite Stange im Abstand von 1,40 bis 1,60 Meter hinter die erste Stange gelegt. Der Abstand richtet sich nach der Gangart und der Schrittlänge des Pferdes. Wieder reitet man in ruhigem Schritt und nachgebenden Zügeln über die Stangen. Sobald der Reiter gelernt hat, im Schritt über die

Die Arbeit über Bodenstangen hilft dem Reiter, den Sitz zu verbessern und die richtigen Muskeln zu entwickeln. Die Reiterin sitzt im Gleichgewicht. Mit der rechten Hand hält sie jedoch keine Verbindung zum Pferdemaul.

Stangen zu reiten, versucht er es im leichten Trab. Jetzt sollte der Rhythmus des Leichttrabens bereits zur zweiten Natur geworden sein. Der leichte Trab trägt den Körper des Reiters in natürlicher Weise vorwärts. Das Pferd trabt über die beiden Stangen, und der einzige Unterschied zum Leichttraben ohne Stangen ist, daß der Reiter den Schwung des Pferdekörpers deutlicher fühlt. Der Rhythmus bleibt derselbe. Mit Ausdauer und Übung kann man im Laufe der Stunde bis zu sechs Stangen hintereinanderlegen.
Der Reiter trabt leicht von beiden Seiten über die Stangen. Die Haltung des Reiters sollte ständig beobachtet werden. Die wichtigsten Punkte sind Fußgelenke, Knie, Kreuz, Rücken und die Hände, die leichten, gleichmäßigen Kontakt zum Pferdemaul halten. Während der Übung schaut der Reiter mit erhobenem Kopf geradeaus.
Das wichtigste beim Springen ist das „Gegenreiten", das heißt im richtigen Schwung an ein Hindernis heranzureiten. Das Pferd lernt, gerade an ein Hindernis heranzukommen, im Gleichgewicht zu bleiben, Rücken- und Halsmuskeln zu entspannen und seine Sprunggelenke zu gebrauchen. Wenn für den Anfänger die Zeit gekommen ist, seine ersten Springversuche zu machen, werden diese Übungen ihm von großem Nutzen sein.
Die Arbeit über Stangen kann mit und ohne Zügel ausgeführt werden. Der ausgesessene Trab über Stangen darf erst geübt werden, wenn der Reiter kräftig genug ist und der Pferderücken gut schwingt. Dann jedoch kann man es mit oder ohne Steigbügel üben.

Der Arbeitsgalopp

Der Arbeitsgalopp ist für den Anfänger sehr verlockend, weil er anregend und belebend wirkt. Deshalb versuchen viele Reiter zu früh zu galoppieren, bevor sie im Schritt und Trab sicher sitzen können.
Der Arbeitsgalopp ist eine Bewegung im Dreitakt. Damit das Pferd schnell und sicher wenden kann, galoppiert man auf dem inneren Vorderfuß, dem der innere Hinterfuß folgt. Beim Trab hatten wir einen Zweitakt-Rhythmus mit ruhiger Kopfhaltung. Der Galopp ist ein Dreitakt-Rhythmus, eine etwas schnellere Gangart, und der Kopf des Pferdes schwingt. Mit der wiegenden Bewegung des Galopps muß der Sitz des Reiters in Einklang gebracht werden. Drei Punkte sind zu beachten: Der Kopf des Pferdes muß schwingen können

er Reiter muß seinen Kopf aufrecht halten, und drittens müssen die Knie /eich und elastisch sein, so daß das Gewicht des Reiters auf den Gesäß-nochen ruht und nicht mit steifen Knien auf die Fußballen fällt. Sonst gerät er Reiter im Sattel zu weit nach hinten, und das muß von Anfang an ver-ieden werden.

;unächst hält sich der Reiter wieder mit einer Hand in der Sattelkammer fest nd nimmt die Zügel in die andere, am besten die innere Hand. Man galoppiert uf dem Zirkel oder aus einer Ecke heraus an, damit das Pferd gleich die rich-ge Biegung bekommt. In der ersten Zeit galoppiert man aus dem Schritt eraus an. Das innere Bein liegt treibend am Gurt, das äußere verwahrend eine Iandbreit dahinter. Der Oberkörper ist aufgerichtet und das Kreuz angespannt.)ie Hand, die die Zügel hält, geht vorwärts, und die andere zieht das Becken n Sattel nach vorn.

Ialtung im Galopp

amit Rücken und Kreuz des Reiters sich im Rhythmus des Galopps bewegen önnen, muß der Rücken gerade und die Fersen unter den Schultern gehalten erden. Wenn man einen Buckel macht, im mißverstandenen Versuch biegsam u sein, vergrößert man lediglich das Gewicht auf dem Kreuz und wird steif. obald der Reiter elastisch genug ist, sollen Kopf und Schultern völlig ruhig rscheinen und eine Linie mit den Fersen bilden. Der Schwung geht vom Kreuz us, und das Gesäß „wischt“ bei jedem Galoppsprung den Sattel aus. Reiter, ie bei jedem Galoppsprung mit den Schultern vorwärtsschwingen, sind im reuz und in den Knien steif und werden nicht in der Lage sein, richtige Hilfen eim Galoppieren zu geben.

bergang vom Galopp zum Trab

as Prinzip der halben Parade habe ich schon früher erklärt. Bei diesem bergang fühlt der Reiter jedoch den wirkungsvollen Gebrauch des Kreuzes ärker. Das Kreuz wird leicht angespannt, die Beine treiben, und die Fäuste iderstehen der Bewegung. Das Pferd vermindert das Tempo in ausgewogener 'eise und beginnt zu traben.

uerst soll der Anfänger nur kurze Zeit galoppieren. Die Übergänge vom

Eine gute Haltung beim Galopp. Die Reiterin hat elastische Hüften, Knie und Fußgelenke. D Sitz ist tief, der Oberkörper aufgerichtet, und die Augen blicken geradeaus. Die Zügel hab die richtige Länge, und die Hände halten Kontakt zum Pferdemaul.

ı schlechter Galopp. Die Zügel sind zu lang, und die Reiterin sitzt zu weit hinten im Sattel.

Schritt zum Galopp und vom Galopp zum Trab müssen so lange geübt werde bis sie einwandfrei ausgeführt werden können. Der Reiter wird bald lerne Körper und Hände den wechselnden Rhythmen anzupassen.
Sehr viele Reiter hängen beim Galoppieren an den Zügeln und damit am Ko des Pferdes. Das Pferd muß sich selbst tragen. Wenn man an den Zügel zieht, ermuntert man das Pferd höchstens, sich an die zusätzliche Stütze z gewöhnen, und je mehr der Reiter zieht, um so stärker wird das Pferd sic gegen die Zügel lehnen. Es gebraucht sie als „fünftes Bein".
Der Sitz muß unabhängig von den Zügeln entwickelt werden. Zweimal pı Woche fünf Minuten an der Longe zu galoppieren ist von unschätzbare Wert für jeden, der einen unabhängigen Sitz bekommen will.

Länge der Steigbügelriemen

Sobald sich die Muskeln des Reiters entwickelt haben und sein Sitz tiefer g worden ist, kann man die Steigbügelriemen bei den Grundgangarten in d Halle oder Reitbahn um zwei bis drei Löcher länger machen. Der Reiter kar dann seine Beine freier bewegen und bessere Hilfen geben. Man muß jedo vorsichtig sein, denn verlängert man die Riemen zu früh, so wird der Reit leicht nach vorn kippen, wodurch sein Sitz geschwächt wird.
Andererseits kann der Reiter die Riemen als Vorbereitung zum Springen en sprechend verkürzen. Werden sie jedoch zu sehr verkürzt, so gerät der Reit im Sattel zu weit nach hinten, sein Sitz verliert an Festigkeit, und er kar nicht mehr genügend einwirken.
Grundsätzlich sollen die Steigbügelriemen so lang sein, daß der Reiter sein Sitz gut entwickeln kann. Alle Bewegungen und Hilfen müssen bequem au geführt werden können. Ist der richtige Sitz entwickelt, können die Riem für die Arbeit in der Halle verlängert und beim Springen oder Ausreiten ve kürzt werden.
In der Halle verlangen wir von unserem Pferd, auch den leichtesten Hilf Folge zu leisten. Beim Ausreiten oder bei der Jagd bewegen wir uns üb längere Strecken schneller. Deshalb müssen wir unser Pferd entlasten und s

Die richtige Länge der Steigbügelriemen für alle Grundgangarten ist wichtig.

weit wie möglich schonen. Kürzere Steigbügelriemen ermöglichen es dem Reiter, im leichten Sitz zu reiten, damit Rücken und Beine des Pferdes freier arbeiten können. Bei der Länge der Steigbügelriemen gibt es zwei Extreme die Riemen des Dressurreiters und die des Jockeis.

3. Springen

'om Traben über Stangen oder Cavalettis zum Springen kleiner Hindernisse .t es nur ein kleiner Schritt, vorausgesetzt, das Traben über Stangen ist gründ-ch geübt worden. Der Reiter schnallt seine Steigbügelriemen um zwei Löcher ürzer, was ihm Vorteile in der Bewegungsfreiheit bringt, ohne seinen Sitz 'esentlich zu verändern.

;in Hindernis von ungefähr 45 bis 60 Zentimeter Höhe wird nun im Abstand on 2,80 bis 3 Meter von der letzten Stange entfernt aufgestellt. Der Reiter soll eim Springen dieses kleinen Hindernisses seine Bewegung nicht übertreiben. ;r hat gelernt, im Gleichgewicht zu sitzen, während er über die Stangen trabte. eine Schultern sind etwas vor den Hüften, das Gesäß im Sattel, sein Gewicht ıstet etwas mehr auf den Knien und Schenkeln, und die Fersen sind nach nten gedrückt, damit die Muskeln der Unterschenkel gespannt werden. Wenn as Pferd abspringt, neigt sich der Oberkörper vermehrt nach vorn, die Hand olgt der Bewegung des Pferdekopfes, und die Fäuste öffnen sich leicht. Um as Gleichgewicht beim Sprung zu halten, reicht ein Minimum an Bewegung us. Die Beine liegen geschlossen an den Gurten, und der Reiter bleibt im attel sitzen.

3ei größeren Hindernissen wird auch die Kurve des Sprungs größer. Der Reiter ıat dann größere Mühe, im Gleichgewicht zu bleiben: Der Körper geht weiter ıach vorn, und das Gesäß hebt sich leicht aus dem Sattel. Das Prinzip, so venige Bewegungen wie möglich zu machen, bleibt das gleiche.

)er Reiter muß nun aktiver an die Hindernisse heranreiten. Seine Schenkel reiben ruhig im Rhythmus des Trabes. Er darf auf keinen Fall seinem Pferd eim Absprung plötzlich in die Rippen treten, denn das Pferd soll zum Springen rmutigt und nicht gestraft werden, weil es springt. Die richtigen Schenkelhilfen eim Heranreiten an das Hindernis sind sehr wichtig, und nur gute Reiter nachen das richtig.

Springen über ein kleine Hindernis. Hier sind zw Cavalettis hintereinande gestellt. Die Körperhaltur ist gut, aber die Händ lassen dem Pferdeko nicht genügend Freiheit.

Dieser Reiter hat die Eller bogen abgewinkelt un steht in den Bügeln.

Körper und Hände gehe mit der Bewegung. Ein gu ter Sprung

Aktiveres Springen

Als nächstes soll der Reiter mehr Gespür für kleine Hindernisse bekommen Wir bauen ein Hindernis von 70 Zentimeter Höhe und 70 Zentimeter Breite auf. Nun wölbt das Pferd den Rücken stärker und reckt den Hals weiter nach vorn. Der Reiter muß dieser Bewegung folgen, der Oberkörper und die Hände

Cavaletti-Arbeit. Stangen und Cavalettis sind gut in der Halle verteilt.

gehen weiter vor. Große Aufmerksamkeit muß dem Reiten vor und nach dem Hindernis gewidmet werden. Der Reiter muß eine korrekte Wendung auf das Hindernis zu machen, es gerade anreiten und nach dem Landen gerade weiterreiten und dann wieder korrekt wenden. Am besten werden die Stangen und das kleine Hindernis so auf der Mittellinie aufgebaut, daß ein beständiges Verändern der Zügelführung möglich ist.

Das wichtigste beim Springen ist das Gegenreiten. Der Reiter sitzt im Sattel und blickt geradeaus.

Nun soll der Reiter aktiver springen. Ein zweites Hindernis von gleichem Ausmaß wird im Abstand von 5,50 Meter hinter das erste gestellt. Das Pferd kann zwischen den Hindernissen einen Galoppsprung machen. Der Reiter muß sich jetzt auf den Rhythmus der Pferdebeine zwischen den Hindernissen konzentrieren. Die Hände bleiben ruhig und der Körper im Gleichgewicht.

Dann wird der Abstand zwischen den Hindernissen auf 6,40 Meter und schließlich auf 10 Meter erweitert. Es gibt viele Kombinationsmöglichkeiten, aber man versuche nicht, das Pferd zu überrumpeln. Pferd und Reiter sollen lernen mitzudenken.

Der Reiter muß die Galoppsprünge zwischen den Hindernissen zählen und darauf achten, wie oft er treibt. Das Gesäß muß wieder in den Sattel kommen und die Hände sollen ruhig und völlig unabhängig vom Körper und den Beinen sein und ihre Verbindung zum Pferdemaul nicht verlieren. Wenn irgend etwas schiefgeht und das Gleichgewicht verlorengeht, muß der Reiter die Zügel durch die Finger gleiten lassen. Wichtig ist: Die Hände gehören zum Pferdemaul.

Die Hindernisse müssen niedrig bleiben, bis Pferd und Reiter verschiedene Abstände fließend und in voller Harmonie bewältigen können. Die Hindernisse werden stufenweise auf 90 Zentimeter Höhe und 1,20 Meter Breite vergrößert. Sie müssen jedoch stabil aussehen und fest an ihrem Platz stehen. Dünne Schulhindernisse haben schon viel Ärger verursacht.

Auf dieser Stufe seiner Ausbildung wird der Reiter beginnen, ein Gefühl für Entfernungen zu entwickeln. Er lernt, die Schritte zu sehen. Den Schritt der Entfernung anzupassen ist eine andere Sache, und es wird noch lange dauern, bis er dazu in der Lage ist.

Springen eines Parcours

Bisher spielte der Reiter eine verhältnismäßig passive Rolle beim Reiten gegen ein Hindernis, die Stangen taten die Arbeit für ihn. Unser nächster Schritt wird es sein, Pferd und Reiter über einen einfachen Parcours mit einfachem, leichtem Richtungswechsel gehen zu lassen. Die Hindernisse müssen niedrig bleiben. Die Schwierigkeit soll in der Breite der Hindernisse liegen, nicht in ihrer Höhe. Vor und nach den Hindernissen soll das Pferd traben und zwischen ihnen ein bis zwei Galoppsprünge machen.

Über dem Hindernis. Körper und Hände in guter Haltung, nur die Unterschenkel sind etwas nach hinten gerutscht.

Landen. Die Hand des Reiters gibt dem Pferd völlige Freiheit, damit es sich ausbalancieren kann, hält aber trotzdem leichten Kontakt zum Pferdemaul. Gute Haltung, obgleich der Reiter einen Buckel macht.

Kein Pferd sollte über einen Parcours geritten werden, bevor es ruhig und gehorsam an den Hilfen geht. Die Arbeit über Stangen oder Cavalettis ist die Vorbereitung für das Springen. Das Pferd muß gelernt haben, die Richtung ruhig und geschmeidig zu wechseln, und zwar im Trab und im Galopp. Sein Körper muß auf die Linie der Bewegung gerichtet sein. Es muß lernen, seine Schritte zu verlängern und zu verkürzen, mit sicherer Kopfhaltung und immer am Zügel.
Die wichtigste Phase ist das Reiten gegen ein Hindernis, das heißt die Kunst das Pferd an der richtigen Stelle zum Abspringen zu veranlassen.
Wenn der Reiter einen kleinen Parcours reitet, in dem keine Stangen oder Cavalettis mehr liegen, muß er aktiver gegen die Hindernisse reiten. Der gute Reiter sitzt ungezwungen im Gleichgewicht, seine Schultern sind etwas vor den Hüften, das Gesäß ist im Sattel, und die Unterschenkel liegen am Sattelgurt Die Hände haben Kontakt zum Pferdemaul. Seine Aufgabe ist es, das Pferd zum richtigen Absprung zu bringen, und zwar im richtigen Tempo und mit genügend Schwung, damit es das Hindernis ohne Fehler springen kann Während der letzten Schritte kommt oft ein Augenblick, in dem der Reiter Hände und Ellenbogen verkrampft und die Beine schlaff werden läßt, besonders dann, wenn er befürchtet, daß er nicht den richtigen Absprung findet. Die umgekehrte Reaktion wäre richtig: Der Reiter setzt sich fest in den Sattel und treibt mit Kreuz und Beinen vermehrt gegen das Hindernis.

Anpassen des Schrittes

Wenn der Reiter mehr Erfahrung hat, wird er beginnen, „den Schritt zu sehen“. Er lernt zu beurteilen, ob er richtig oder falsch an ein Hindernis herankommt, und wird der Situation entsprechend den Schritt seines Pferdes verlängern oder verkürzen. Jede Änderung des Schrittes sollte weich und so weit wie möglich vor dem Hindernis erfolgen.
Viel kann der Reiter lernen, wenn er eine Absprungstange gebraucht. Man stellt ein Cavaletti zwei, drei oder mehr Schritte vor einem größeren Hindernis auf. Diese Absprungstange gibt Pferd und Reiter Selbstvertrauen und schult das Auge des Reiters. Die Stange kann mit Erfolg bei allen Arten von Hindernissen verwendet werden.
Beim Gegenreiten soll man so wenig wie möglich eingreifen. Wenn das Pferd

gut ausbalanciert ist und den nötigen Schwung hat, wird es über die meisten Hindernisse bis zu 1,20 Meter Höhe ohne Hilfe springen.

Ausreiten

Ich habe mich hier lediglich mit ersten Springübungen in der Halle oder Reitbahn befaßt. Das Springen fester Hindernisse in der Landschaft ist im Prinzip

Ein gutes Beispiel für einen festen, unabhängigen Sitz über ein Hindernis

das gleiche. Durch gute, gründliche Ausbildung in der Halle oder in der Reitbahn werden kühne, gelassene Reiter erzogen, die sich auch beim Querfeldeinreiten und bei der Jagd bewähren. Können erzeugt Mut. Furcht und Unsicherheit des Reiters übertragen sich auf das Pferd, was rasch zu Unfällen

Auch diese Reiterin springt in guter Haltung.

führen kann. Die meisten Pferde sind heftiger, wenn im Freien geritten wird so daß der Reiter immer versuchen muß, sein Pferd an den Hilfen zu halten zuerst im Trab, dann im Arbeitsgalopp und schließlich auch im schnellen Galopp. Gehorsam muß erst in einer langsamen Gangart verlangt werden.

ɜalopp: Hier ein Beispiel für den leichten Sitz im Galopp. Das Gesäß ist über dem Sattel und ler Oberkörper in der Bewegung.

ɜalopp: Die tiefen Absätze (geringfügig tiefer als auf dem oberen Bild) ermöglichen es der ɿeiterin, die Wadenmuskeln richtig zu spannen.

Galopp: Die Haltung der Reiterin ist gut, obgleich ihre Hände etwas zu hoch sind.

Galopp: Wieder eine gute Haltung mit korrektem leichtem Kontakt zum Pferdemaul

)er schnelle Galopp

)er schnelle Galopp ist wie der Arbeitsgalopp eine Bewegung im Dreitakt.)as Pferd verlängert seine Sprünge, und am Ende jeden Sprunges schweben lle vier Füße über dem Boden. Das nennt man die Schwebephase. Wie beim ˌrbeitsgalopp soll auch beim schnellen Galopp der innere Vorderfuß führen.
ei dieser Gangart mit einem frei ausgreifenden Pferd soll der Oberkörper des eiters weiter vorn sein, sein Gesäß ist gerade über dem Sattel, so daß Rücken nd Lenden des Pferdes völlige Bewegungsfreiheit haben.
)ie Steigbügelriemen bleiben senkrecht, der Oberkörper des Reiters neigt sich icht nach vorn, und Fußgelenke und Knie dienen als Stoßdämpfer. Der Reiter arf nicht am Pferdemaul hängen.
)ie Fähigkeit, einen gleichmäßigen Galopp beizubehalten, sei es über einen epflügten Acker oder auf unebenen Wegen, ist ein guter Test für die Geschicklichkeit, mit der der Reiter die Hilfen der Beine und Hände in Einklang bringt. Venn man ein störrisches Pferd reitet, muß man sich fest in den Sattel setzen,) daß die treibenden Reiterbeine nicht vom Körpergewicht behindert weren.

9. Ausbildung des Pferdes

Typische Haltung eines jungen Pferdes, das sein Gewicht hauptsächlich mit den Vorderbeine trägt.

Man schätzt, daß ein rohes Pferd drei Viertel seines Gewichts mit den Vorderbeinen trägt. Setzt man einen Reiter auf seinen Rücken, so wird das Gewicht vermehrt, und sein Gleichgewicht ist gestört. Das Pferd kann das Reitergewicht besser tragen, wenn es lernt, dieses Gewicht mit den Hinterbeinen zu tragen. Wir müssen unser Pferd so trainieren, daß seine Hüften beweglicher werden, seine Knie- und Sprunggelenke sich entwickeln und die Hinterhand tiefer wird. Die Sprunggelenke kommen dadurch weiter unter den Körper. Das entlastet die Vorderbeine und verbessert das Gleichgewicht. Diesen Erfolg erzielt man, wenn mit fortschreitenden Übungen im Schritt und Trab die Muskeln entwickelt werden. Die Muskeln sind wie Gummibänder. Sie arbeiten, indem sie sich zusammenziehen, und wie ein Gummiband ziehen sie sich stärker zusammen, je mehr sie gedehnt werden. Deshalb müssen wir unser Pferd zuerst veranlassen, die richtigen Muskeln zu dehnen, damit sie stärker und elastischer werden.

Das Reitergewicht muß so nah am Widerrist liegen wie nur irgend möglich, wodurch das junge Pferd ermutigt wird, dieses Gewicht richtig zu tragen, das heißt, es wölbt den Rücken und streckt den Hals. Dadurch entwickeln sich die Rückenmuskeln, die Geschmeidigkeit der Nierenpartie und die Sprunggelenke. Bevor das Pferd sich selbst und den Reiter ausbalanciert tragen kann, muß man ihm die Möglichkeit geben, in eine gestreckte Haltung hineinzuwachsen. Mit tieferem Kopf und gestrecktem Hals werden sich die Schultern freier bewegen, und die Sprunggelenke kommen weiter unter den Körper. Unser Training muß methodisch sein, eine Kombination aus Arbeit im Freien und Übungen in der Halle.

Im Freien

Über hügeliges Gelände wird das Pferd auf gerader Linie gearbeitet. Am langen Zügel wird es den Nacken strecken und sich mit schwingendem Rücken entspannen, zuerst im Schritt und später auch im Trab. Der Schritt muß gleichmäßig bleiben, der Reiter hält sein Gewicht vorn, und die Beine liegen eng am Pferdeleib. Das Pferd wird sich nicht entspannen, solange es nicht ruhig ist. Deshalb muß es im Schritt ganz ruhig gehen, bevor es traben darf. Das wird bei einem jungen Pferd mindestens zwei Wochen dauern.

Während dieser Zeit wird das Pferd Vertrauen zu seinem Reiter bekommen,

Der Schritt: Diese Bilder zeigen einen aktiven, aber ruhigen Schritt, eine Gangart im Viertakt bei der das Pferd jedes Bein einzeln hebt und wieder auf den Boden setzt. Die Fußfolge ist rechter Hinterfuß, linker Vorderfuß, linker Hinterfuß, rechter Vorderfuß. Das Pferd soll mit schwin

endem Rücken gehen, und die natürliche Bewegung des Kopfes darf nicht durch die Hand des
eiters gestört werden. Diese Bilder zeigen einen freien Schritt am langen Zügel. Es gibt
ußerdem folgende Tempi: Mittelschritt, versammelten Schritt und starken Schritt.

was ihm hilft, sich zu entspannen. Bei dieser Gangart besteht keine Gefahr daß Beine oder Pferdemaul verletzt werden. Dem Pferd muß die Möglichkeit gegeben werden, Kopf und Hals frei zu tragen, und es sollte ermutigt werden mit langen, energischen Schritten zu gehen.

Trab. Der Trab ist eine Gangart im Zweitakt. Diese Reiterin reitet auf der rechten Hand, da bedeutet, sie sitzt im Sattel, wenn der rechte Hinterfuß und der linke Vorderfuß am Boden sind und hebt sich aus dem Sattel, sobald dieses Beinpaar nach vorn geht. Während des Ausrittes muß man immer wieder die Hand wechseln, damit das eine Beinpaar nicht überlaste wird.

Trab. Dieses Bild zeigt den Moment, in dem das Pferd von einer Diagonalen in die andere springt.

Trab. Beim Trab gibt es die Tempi Arbeitstrab, versammelten Trab und starken Trab. Hier ist der starke Trab zu sehen, der zwar dieselbe Schrittfolge hat wie zum Beispiel der Arbeitstrab, aber raumgreifender ist.

Der Galopp ist eine Gangart im Dreitakt mit der Fußfolge: Linker Hinterfuß, rechter Hinterfuß

und linker Vorderfuß, rechter Vorderfuß, Schwebephase. Das untere Bild zeigt die Schwebephase, bei der kein Fuß den Boden berührt.

In der Halle

Die Übungen in der Halle werden zunehmend schwieriger. Der Reiter muß darauf beharren, daß das Pferd auch bei einfachen Übungen gehorsam ist. Es muß lernen, still zu stehen, während Gebiß, Zügel, Gurt oder Steigbügel angepaßt werden. Wenn der Reiter aufgesessen ist, muß es noch einige Augenblicke still stehen bleiben, weil es so die eventuell aufkommende Nervosität überwindet. Die Arbeit in der Halle muß ruhig und methodisch sein. Der Reiter sollte sich jede Aufgabe im voraus überlegen und wissen, wie er sie vollbringen kann. Diese Übungen sollten niemals zu lang ausgedehnt werden. Nach der Arbeit im Freien sind zwanzig Minuten bis eine halbe Stunde Übungen in der Halle mehr als genug. Das hängt jedoch auch vom Temperament des einzelnen Pferdes ab. Das Ziel unserer Arbeit ist:

1. Ruhe und Vertrauen
2. Dem Pferd beizubringen, bereitwillig vorwärts zu gehen
3. Gehorsam den Hilfen des Reiters zu folgen
4. Seine Gangart zu vervollkommnen
5. Seine Muskeln zu entwickeln, so daß es sich und das Gewicht des Reiters im Gleichgewicht tragen kann
6. Geschmeidigkeit
7. Geradegehen

Wir möchten ein Pferd haben, das angenehm zu reiten und in jeder Gangart leicht unter Kontrolle zu halten ist. Weder Gewalt noch Zwang oder Bestrafung sollte bei seiner Ausbildung angewendet werden. Die Zäumung, die wir benutzen, muß bequem sein — eine gutsitzende, gegliederte Trense und ein Nasenriemen, der sorgfältig angepaßt ist. Zum Wohlbefinden tragen ein gutgearbeiteter Sattel und ein geschmeidiger Gurt bei. Ein Nylongurt ist verhältnismäßig billig und sehr gut.
Ein Nackengurt, in dem man sich festhalten kann, wenn man einen Hügel hinauf oder über rauhen Boden reitet, schont das Pferdemaul. Der Reiter trägt eine Gerte, die lang und biegsam genug ist, um die Hilfen der Beine zu unterstützen, ohne daß die Hand vom Zügel genommen werden muß. Normalerweise wird sie in die innere Hand genommen und liegt passiv auf dem

Oberschenkel. Sie soll schnell und leicht hinter dem Bein des Reiters eingesetzt werden, wenn das Pferd nicht aktiv genug auf die Hilfen reagiert. Träge Reaktionen können ein Zeichen von Faulheit oder Schwäche sein — das darf man nicht verwechseln. Wenn sich das Pferd beim Longieren daran gewöhnt hat, der Peitsche zu gehorchen, wird es ihren Gebrauch auch verstehen, wenn der Reiter sie anwendet. Und vorausgesetzt, man braucht sie so selten wie möglich, wird es ihr gehorchen, ohne sie zu fürchten.

Die Gangarten

Bei allen Gangarten muß der Reiter bestrebt sein, die Reinheit und Regelmäßigkeit der Grundschritte zu entwickeln. Er muß die Fußfolge jeder Gangart studieren und lernen, wann ein Schritt richtig und der Rhythmus gleichmäßig ist. Um dem Pferd in diesem frühen Stadium zu helfen, müssen alle Wendungen sanft und ruhig ausgeführt werden, und die Zirkel müssen groß geritten werden. Die Hinterbeine müssen der Spur der Vorderbeine folgen. Übergänge dürfen nicht plötzlich kommen. Das Pferd soll sich geschmeidig und emsig vorwärtsbewegen. Eine Änderung der Gangart muß vorbereitet werden und soll allmählich erfolgen, damit das Pferd sein Gleichgewicht nicht verliert und seine Sprunggelenke mit tiefer Hinterhand einsetzen kann.

Schluß

Wenn Sie gut reiten lernen wollen und eventuell ein eigenes Pferd haben, gehen Sie in die beste Reitschule, die Sie finden können. Sie sollten nicht nur Ihren Sitz verbessern und die Hilfen richtig anwenden können, sondern sich auch theoretisch mit dem Reiten befassen. Das ist wesentlich für jeden, der lernen will, mit Gefühl zu reiten, und sich Kenntnisse erwerben möchte über die vollendeten Bewegungen des Pferdes.
Sie werden es dann in der Reitkunst so weit bringen, daß Sie sich auf einem guten Pferd in allen Gangarten sicher bewegen können. Sie werden lernen, Ihr eigenes Pferd zu fördern, so daß es in der Dressur und beim Springen Fortschritte macht.
Und Sie werden Ihre Freude daran haben!

10. Springen – eine Bildanalyse

Keine gute Haltung; jedoch die Kopfhaltung des Pferdes wird durch den Reiter nicht gestört. Die Fußspitzen sind nach unten gedrückt, wodurch die Unterschenkel nach hinten gerutscht sind und die Sicherheit des Sitzes verlorengegangen ist.

Im Gleichgewicht und mit guter Hand. Das Martingal ist nicht jedermanns Geschmack.

Die Hände lassen Kopf und Hals des Pferdes Freiheit. Der Reiter hat die Steigbügel verloren. Sein Sitz ist geschwächt, während er versucht, wieder in die Bügel zu kommen.

ücken und Knie des Reiters sind steif. Der ganze Körper ist nicht im Gleichgewicht, aber ie Hände sind gut. Sie lassen dem Hals die Möglichkeit, sich zu dehnen.

Ein guter Sitz. Keine Behinderung durch den Reiter. Die rechte Hand faßt in die Mähne, ein Haltung aus der Zeit, als das Pferd ausgebildet wurde. Offensichtlich ist es schwierig, sie sic wieder abzugewöhnen.

11. Sachregister